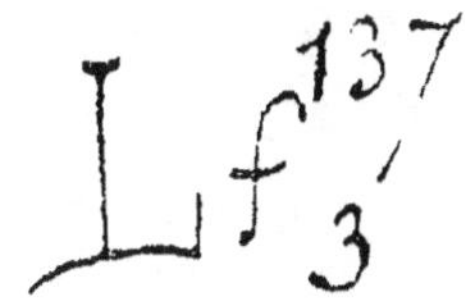

AF249676

HISTOIRE

DE L'ADMINISTRATION

DE

M. DEBELLEYME.

HISTOIRE

DE L'ADMINISTRATION

DE

M. DEBELLEYME,

EX-PRÉFET DE POLICE.

AU PROFIT DE L'EXTINCTION DE LA MENDICITÉ.

PARIS.

L'HUILLIER, ÉDITEUR, RUE HAUTEFEUILLE, N° 20.

ET A LA LIBRAIRIE LADVOCAT, AU PALAIS-ROYAL.

1830.

HISTOIRE

DE L'ADMINISTRATION

DE M. DEBELLEYME.

CHAPITRE Ier.

La police sous l'ancienne monarchie et sous l'empire. —
Savary. — Fouché. — La police depuis la restauration. —
M. Decazes. — La police sous le ministère Villèle. —
M. Delaveau. — M. Franchet. — Les barricades de la rue
Saint-Denis. — Chute du ministère Villèle. — Avénement
de M. Debelleyme. — Son discours d'installation.

Sous l'ancienne monarchie, la police était
l'auxiliaire nécessaire et obligée du despotisme ;
elle se chargeait de tous les emplois les plus bas ;
elle fournissait de maîtresses les passions crapu-

leuses des princes; elle mettait à exécution les lettres de cachet; elle marchait dans l'ombre, surprenait les secrets de l'amitié, recueillait les rumeurs scandaleuses, les confidences des familles, pour les redire ensuite à l'oreille des ministres.

Dans la révolution, comme on conspirait au grand jour, la police était de peu d'utilité. Toutefois elle se chargea de dénoncer les prêtres et de livrer les émigrés, en attendant mieux. Ce mieux ne se fit pas long-temps attendre. Sous le règne de Napoléon, la police fut en quelque sorte associée à l'empire; souvent même elle donna de l'ombrage au chef de l'État; elle n'est point étrangère aux sanglantes catastrophes qui signalèrent les premières années de ce règne prodigieux. Elle trahit Pichegru et Cadoudal, compromit les lauriers de Moreau, et livra le dernier des Condés aux bourreaux de Vincennes. Un homme surtout acquit sous ce rapport une redoutable célébrité, c'est Fouché. Laissons-le pour le moment, nous le reverrons plus tard.

Cependant elle dut être singulièrement mystifiée cette police aux cent yeux et aux cent bras, lorsque la conspiration de Mallet, qu'elle n'avait pas su prévenir, fit si étrangement éclater son impuissance. On sait que ce conspirateur hardi fit saisir Savary, le chef de la police, et le fit écrouer.

A la restauration, la police ne fut point mise à la retraite. Les espions de l'empire espionnèrent pour la royauté. L'espionnage avait alors des titres de noblesse; des ducs, voire même des duchesses, l'exercèrent sans déroger.

Le 20 mars vint de nouveau mettre en lumière l'inutilité et l'ineptie de la police, ce qui ne l'empêcha pas de se perpétuer pendant et après les cent jours.

Cet instrument redoutable fut de nouveau confié aux mains de Fouché, qui, traître à tous les partis, ne perdit pas cette occasion de sacrifier ses amis de la veille sur les autels du jour. On n'a pas oublié cette ordonnance du 24 juillet, qui ne serait que ridicule si elle n'était pas atroce. Fouché eut soin de placer sur cette liste de proscription tous ses ennemis personnels, parodiant bassement le rôle d'Octave, et faisant venger à la monarchie les injures du ministre de la police. Fouché tomba et eut pour successeur M. Decazes.

La réaction de 1815 déployait alors ses fureurs auxquelles la police ne mit aucun obstacle. Elle n'empêcha pas la mort du maréchal Brune, les massacres de Nîmes et d'Avignon; elle n'empêcha rien ; elle laissa faire. Puissante pour le mal, elle se montra, alors comme toujours, faible et inutile pour le bien.

M. Decazes se démit bientôt des fonctions de ministre de la police, et en investit M. Anglès, sous le titre plus modeste de préfet de police, s'en réservant néanmoins la haute surveillance. La police n'empêcha pas la mort du duc de Berry, dont on voulut cependant la rendre responsable. On se souvient de M. Clausel de Coussergues, accusant M. Decazes du crime de Louvel. Le même coup qui frappa de mort un fils de France, fit tomber, pour ne plus se relever, le ministère Decazes ; M. Pasquier servit de transition à M. de Villèle. Là commence, pour la police, une ère nouvelle ; une vaste carrière s'ouvrit devant elle, la carrière de l'espionnage politique et religieux, et elle se hâta de la parcourir.

Nous voyons alors les destinées de la police confiées à deux hommes de funeste célébrité, MM. Delaveau et Franchet. Alors s'organisa la police jésuitique ; alors vinrent les billets de confession, les persécutions sourdes, les menées ténébreuses mettant aux prises les intérêts et les consciences.

Tartufe dès lors devint préfet de police ; son administration eut pour succursale Saint-Acheul et Mont-Rouge.

Cette police de bouc finit dans le sang. En novembre 1827, elle organisa le massacre au sein de la capitale ; et les barricades de la rue Saint-Denis sont son ouvrage. Ce fut le dernier acte de ses intrigues et de ses fureurs. Les balles de la rue Saint-Denis rebondirent sur le ministère vandale et le tuèrent. MM. Delaveau et Franchet partagèrent sa chute ; mais l'un, pour s'en consoler, partit muni d'une recette générale ; l'autre alla tranquillement s'asseoir sur les fleurs de lys du conseil-d'état.

L'opinion publique attribuait alors justement à la police une partie de ses maux ; les coups de collier de M. de Clermont-Tonnerre avaient laissé de profonds ressentimens ; le mot de police était synonyme de crime, de bassesse et d'infamie. C'est dans ces circonstances difficiles que M. Debelleyme fut appelé au poste peu envié de préfet de police.

L'installation du nouveau préfet lui fournit bientôt l'occasion d'annoncer sans détour la marche constitutionnelle qu'il se proposait de suivre.

Il réunit d'abord tous les employés de son administration, et, après leur avoir annoncé qu'attendant du temps une connaissance détaillée des personnes et des choses, il ne voulait que les voir tous réunis autour de lui, et leur faire connaître ses sentimens : il leur adressa ces paroles :

« Messieurs, de grandes obligations me sont imposées ; je connais les difficultés que nous avons à surmonter ; mais les *voies légales* nous sont ouvertes ; marchons avec persévérance, avec sagesse, nous obtiendrons d'heureux résultats. Élevé dans l'école des lois, instruit à l'école d'une magistrature si digne par ses lumières et par ses services de la reconnaissance publique, nous apporterons dans notre nouvelle administration les mêmes principes et les mêmes sentimens. *N'oublions pas que nous sommes les auxiliaires de la justice ; que nos travaux, qui préparent ses décisions, méritent l'approbation des magistrats.* »

» Je ne demande qu'une grâce : qu'on ne précipite pas son jugement ; qu'on attende nos actes. Mon ambition était plus que satisfaite dans le poste que j'occupais avant d'être appelé à celui qui m'est confié ; j'espère qu'on accordera quelqu'estime à celui que son dévoûment au roi a pu seul décider à faire le sacrifice de ses affections, de son existence tout entière. Né dans cette cité, attaché à elle par tant de liens, j'espère que mes concitoyens apprécieront mes intentions, mes sentimens ; qu'ils rendront quelque justice à mes efforts constans pour assurer leur repos ; *qu'ils associeront mon nom à ceux des magistrats dont le souvenir est conservé par la reconnaissance publique.* »

Dans une autre occasion il dit à ses employés : « Je veux laisser un nom sans tache à mes enfans. »

CHAPITRE II.

La police change de physionomie. — Ses attributions nouvelles. — Ordonnances de M. Debelleyme. — Extinction de
la mendicité. — Projet d'ordonnance sur le commerce des
charbons. — Avénement du ministère Polignac.

La présence de M. Debelleyme à la préfecture
de police donna bientôt à cette administration
une physionomie nouvelle. Paris apprit bientôt,
par des faits, qu'il possédait un préfet honnête
homme, un magistrat-citoyen. Le nouveau préfet
pensa avec raison que l'espionnage politique n'en-
trait point dans les attributions d'une administration vertueuse et bienfaisante. Il comprit que
ses fonctions étaient d'une nature paisible et paternelle. Il avait annoncé qu'il se renfermerait ri-
goureusement dans le cercle de la loi; il tint parole. Il enjoignit à ses agens le même respect des
lois dont lui-même était pénétré.

La magistrature française avait déclaré sous le

dernier ministère qu'elle rendait des arrêts et non
des services : M. Debelleyme, sorti des rangs de
ce corps vénérable, voulut rester magistrat ; et
en effet, l'esprit d'intégrité et d'égalité l'accom-
pagna constamment dans ses nouvelles fonctions.

Il faut l'avouer, les préventions de la capitale
contre l'administration de la police n'étaient pas
faciles à vaincre. Il s'en exhalait une trop forte
odeur d'infamie et de tyrannie, pour que la ré-
pugnance publique fût facilement remplacée par
des sentimens de bienveillance et d'estime ; et cependant c'est ce qui eut lieu. Paris respira sur la
foi de son préfet de police. La confiance et l'é-
panchement remplacèrent la défiance et la ter-
reur. Les citoyens s'empressèrent de concourir à
l'exécution de toutes les mesures sages et pru-
dentes que l'autorité jugea nécessaires. Nul obstacle ne se présenta de la part des citoyens : tant
ce peuple français, dont on fait au pouvoir une
si horrible peinture, est facile à gouverner ; tant
la bienveillance et la bonne foi le subjuguent facilement !

Cette population parisienne que MM. Franchet
et Delaveau ne manquaient pas sans doute de re-
présenter comme séditieuse et ingouvernable,
cette population, contre laquelle on jugeait convenable d'appeller un immense déploiement de

forces, eh bien ! elle se montra docile et confiante sous M. Debelleyme; et si à aucune époque le joug de l'administration municipale ne fut plus doux, à aucune époque aussi les administrés ne se prêtèrent avec plus de docilité et de sagesse à l'action gouvernamentale, et aux intentions de l'autorité.

Une série d'ordonnances, toutes dictées par l'amour du bien public, et une sage prudence, justifièrent bientôt l'opinion favorable qu'avait inspirée l'avénement du nouveau préfet. L'année 1828, et les sept premiers mois de 1829, furent signalés par d'importantes améliorations, et par la l'abolition d'abus dont l'opinion publique avait, depuis long-temps, inutilement réclamé la suppression. Vérification des poids et mesures, arrosages, ballayage, étalages, police des spectacles, approvisionnement de Paris, diligences urbaines, voitures publiques, toutes ces matières si importantes dans l'intérêt d'une grande cité, furent l'objet de réglemens sages et prévoyans; l'intérêt public fut concilié avec le respect des intérêts privés. Une cause trop fréquente d'incendies fut prévenue par une ordonnance concernant les magasins des détaillans de fourrages; le transport de pierres dans Paris fut astreint à des mesures de précautions réclamées par la circulation publique. Une classe nombreuse, celle des chiffonniers , était devenue dangereuse, sous plus d'un rapport, à la sûreté publique. L'opinion rejetait sur cette classe une partie des crimes de nuit; l'autorité s'empressa d'intervenir, et tout en respectant une profession placée, comme toutes les autres, sous la protection des lois, elle assura les garanties qu'exigeait l'intérêt de la société.

La profession des brocanteurs fut également astreinte à donner les garanties nécessaires à la sûreté publique, et l'intérêt bien entendu du commerce, cette classe si utile, contre laquelle s'élevaient les préventions exagérées des commerçans établis, se vit investie d'une nouvelle stabilité, en donnant toutefois des garanties plus grandes qu'elle ne l'avait fait jusqu'alors. De nouvelles entreprises de voitures furent organisées sous le nom d'Omnibus, Dames-Blanches, etc.; et la capitale se vit ainsi dotée de nouveaux moyens de transport, tout à la fois commodes et économiques; d'autre part, le service des cabriolets sous remise, et en général de toutes les voitures de place, fut réglé d'une manière plus satisfaisante pour le public; et la législation de cette branche du service public fut coordonnée et purgée des contradictions qu'elle avait renfermées jusqu'alors. Les réglemens relatifs aux ouvriers furent modifiés; tout

en prenant à leur égard les mesures d'ordre et de
précautions que l'intérêt social autorise , M. Debelleyme abolit l'impôt illégal perçu jusqu'alors
sur les livrets qui furent réduits à 25 centimes ,
prix du coût ; l'impôt immoral perçu sur la pros-
titution, équivalant à une prime d'encouragement
pour compromettre la santé publique , fut défi-
nitivement supprimé. La création des sergens de
ville permit d'entrevoir le jour où pourrait s'ef-
fectuer, dans l'intérêt de l'ordre public , la suppression d'une maréchaussée armée , dont l'in-
tervention , dans un état constitutionnel , est
souvent plus dangereuse qu'utile. Enfin, par une
ordonnance en date du 8 août 1829 , la sûreté et
la liberté de la circulation furent efficacement
protégées et garanties par une série de mesures
aussi sages que prévoyantes.

Cette ordonnance est la dernière qu'ait rendue
M. Debelleyme dans son administration protec-
trice et paternelle.

Le jour même où cette dernière ordonnance
était signée , il s'en signait une autre au palais de
Saint-Cloud , qui devait exercer sur notre avenir
une bien funeste influence, et ajourner pour long-
temps peut-être les améliorations que méditait
dans sa sagesse le magistrat-citoyen dont nous
retraçons ici les services dans une esquisse bien

faible et bien rapide. Nous avons dû nous contenter d'indiquer rapidement les mesures principales qui ont signalé l'administration de M. Debelleyme; nous renvoyons le lecteur, pour le texte même des plus importantes de ces ordonnances, aux notes que nous avons mises à la suite de cet ouvrage.

Mais il est une mesure surtout que nous avons passée sous silence, parce que nous nous proposions d'en parler plus en détail, et qui a particulièrement contribué à concilier à l'administration de M. Debelleyme l'estime de la France et la reconnaissance des gens de bien; nous voulons parler de l'extinction de la mendicité, œuvre immense, et devant laquelle l'administration impériale elle-même, toute forte qu'elle était, avait reculé, et qu'une administration paternelle et bienfaisante a eu la gloire d'accomplir.

La mendicité, cette lèpre de la civilisation moderne, avait résisté aux mesures violentes et arbitraires; elle devait disparaître devant des mesures conciliant l'humanité et la loi.

On lui avait opposé des gendarmes et des cachots; et les cachots et les gendarmes avaient été impuissans.

M. Debelleyme sentit qu'il ne suffisait pas de proscrire la mendicité, pour que ce fléau disparût à l'instant de la capitale ; il pensa avec raison qu'il fallait appeller en cette circonstance l'humanité au secours de la fermeté.

Par son ordonnance en date du 20 septembre 1828, il rappela les dispositions du Code pénal répressives de la mendicité ; de cette plaie qui, pour nous servir des expressions de M. Debelleyme, se perpétue malgré les mesures qui la répriment, les lois qui la punissent, l'opinion qui la repousse. Tous les mendians étrangers au département de la Seine, et aux communes de Saint-Cloud, Sèvres et Meudon, eurent ordre de quitter le territoire, sous peine d'y être contraints par toutes les voies de droit. Des passe-ports, des secours de route, et des moyens de transport jusqu'au lieu de leur naissance ou de leur résidence habituelle leur furent délivrés gratuitement. On annonça que les mendians valides appartenant à la ville de Paris, ou aux communes du ressort de la préfecture de police, et ceux, même valides, que des malheurs imprévus ou le manque absolu d'ouvrage auraient réduits à cette condition, seraient, sur leur demande, admis au dépôt de mendicité de Villers-Cotterets.

Il fut déclaré, en outre, qu'après ces mesures prises, dans le délai d'un mois à compter de la publication de l'ordonnance, tous individus qui,

désormais, seraient trouvés mendiant, seraient
arrêtés et traduits devant les tribunaux.

Cependant, dans le considérant de cette ordonnance, M. Debelleyme s'était réservé d'augmenter, autant que possible, les ressources des dépôts
et maisons de travail que *l'humanité réclame comme
le complément indispensable des mesures répressives
de la mendicité.*

Dans ce but humain et philanthropique, M. Debelleyme, sentant l'impuissance du gouvernement
à remédier seul à un mal aussi étendu, ne balança
pas à faire un appel à l'humanité de ses concitoyens. Cet appel fut entendu. Une souscription
fut ouverte entre les mains du préfet de police,
pour concourir à l'extinction de la mendicité.
Tout ce que Paris compte de citoyens honorables
s'empressa de se faire inscrire sur cette liste glorieuse.

L'insuffisance de la maison de dépôt de Villers-
Cotterets et de la maison de répression de Saint-
Denis ayant été sentie, un plan fut formé pour
la construction d'une maison de travail et de secours, et les fonds de la Société, qui s'élevèrent
bientôt à la somme de 664,679 fr. 24 cent., furent
principalement destinés à ce but.

Pendant que M. Debelleyme se consacrait à
tant d'œuvres méritoires, et parcourait d'un pas

ferme et courageux la noble et généreuse carrière
que sa vertueuse ambition s'était tracée, l'horizon
politique de la France s'obscurcissait. Des nuages
imposteurs s'amoncelaient autour du trône, et
interceptaient au monarque la vue de la vérité.
Les ordonnances du 8 août annoncèrent à la
France que la carrière était de nouveau ouverte
à la contre-révolution, et le ministère Polignac
fut appelé au pouvoir, pour exploiter les fruits
de la conspiration ténébreuse tramée contre nos
institutions constitutionnelles, du jour où elles
nous furent octroyées par la sagesse du Roi-Légis-
lateur.

CHAPITRE III.

Démission de M. Debelleyme.—Il refuse de transiger.— Sa démission est acceptée. —Il passe à la présidence du tribunal de première instance de la Seine.—Son installation en cette qualité.—M. Mangin lui succède.—Lettre de ce dernier au Journal des Débats.—L'exécution d'une ordonnance de M. Debelleyme arrêtée par M. Mangin. — Il promet de continuer M. Debelleyme.

Lorsque M. Debelleyme connut le changement de ministère, il se hâta de répudier toute solidarité avec des hommes antipathiques à la France, et envoya sa démission. Elle ne fut point acceptée. On lui fit savoir que le nouveau ministère avait compté sur lui. On fit un appel à son dévoûment à la dynastie des Bourbons. Le ministère voulait se faire un appui de la popularité de ce vertueux magistrat. Son attente fut trompée. M. Debelleyme persista, et sa démission fut acceptée.

Sans doute il dut en coûter au cœur de ce gé-
néreux ami de la royauté, d'avoir à se séparer
d'elle en cette douloureuse circonstance. Mais
dans l'audience qu'il obtint du monarque, sans
doute les nobles motifs de ses refus ont été expli-
qués ; et les soupçons du trône n'ont pas plané
un seul instant sur une tête aussi pure.

Ce qui semblerait l'indiquer, c'est que M. Debelleyme fut promu à la présidence du tribunal
de première instance du département de la Seine.

Ainsi s'est terminée l'administration de M. Debelleyme, administration dont le souvenir ne pé-
rira pas, et qui est l'un des plus glorieux fleurons
de la couronne du ministère qui s'était honoré
en faisant un tel choix. Paris n'apprit pas sans
une profonde douleur qu'il allait être privé des services de cet homme de bien; et les regrets de toute
la population l'accompagnèrent dans sa retraite.

Cependant la magistrature s'applaudissait de
voir rentrer dans ses rangs, celui qui n'en était
sorti que pour acquérir de nouveaux titres aux
respects de son pays.

Ce fut un moment solennel et un spectacle at-
tendrissant, que celui de l'installation du nouveau
président du tribunal de première instance de la
Seine. Il semblait que les nombreux spectateurs
que cette occasion avait rassemblés venaient payer

un dernier hommage de reconnaissance à ce magistrat populaire. Retraçons cette cérémonie tou-
chante et glorieuse pour M. Debelleyme.

Installation de M. Debelleyme.

Courrier, 26 août.

Quelque temps avant l'ouverture de l'audience,
le barreau est envahi par l'orde des avocats et les
avoués. Le tribunal, présidé par M. Janod, doyen
des vice-présidens, est introduit ; les portes de
l'audience sont ensuite ouvertes à un public nombreux. Alors M. Debelleyme, dans son costume
de président, est introduit au sein du tribunal.

M. Billot, procureur du roi près le tribunal, se
lève et dit :

« Nous venons, Messieurs, vous demander de
procéder à l'installation du nouveau président de
ce tribunal. » Puis il a prononcé le discours sui-
vant :

« Donner des regrets aux magistrats qui nous
quittent, trouver des consolations pour ces per-
tes dans les successeurs qui sont appelés à les
remplacer, tel est le texte ordinaire des discours,

que l'usage impose trop souvent dans des circonstances semblables. Plus heureux aujourd'hui , nous ne craignons qu'une chose , c'est de rester au-dessous de l'opinion qui entoure de ses respects le magistrat que la bonté du roi a appelé à de plus hautes fonctions, et le magistrat qui va remplir sa place, et combler le vide que son prédécesseur laisse parmi nous.

» Il n'est aucune position judiciaire qui exige plus de savoir et de travail que la présidence de ce tribunal ; vous savez tous si le magistrat que nous perdons était à la hauteur de cette position. Accoutumé de bonne heure à ce travail assidu , recommandé au monarque par ses succès au barreau , modèle d'exactitude dans ses devoirs, son habitude était d'apporter aux moindres affaires l'attention due aux plus grandes et aux plus difficiles.

» Nous pouvons dire que c'est à une noble habitude de la simplicité des mœurs antiques qu'il a dû la force qui lui permit de suffire à tout. Mais ses amis voyaient avec douleur sa santé s'affaiblir par tant de travaux ; ils le verront avec plaisir se reposer en quelque sorte dans un poste plus élevé.

» Son successeur ne restera pas au-dessous d'une position si honorable, mais si pénible ; son pre-

mier départ a excité des regrets unanimes ; mais
il reparaît parmi nous! Quelle plus grande una-
nimité d'approbation pouvait accompagner son
retour!

» Après avoir rempli trois différentes fonctions
judiciaires, il ne pouvait quitter sans regret une
magistrature où tant de souvenirs devaient l'en-
gager à rester; et ce n'est que par dévoûment
pour son roi qu'il a pu consentir à affronter les
dangers d'une position si nouvelle.

» Mais son intention n'était point de nous quitter à jamais, toujours il eut le désir de rentrer
parmi vous. L'administration n'avait fait en quelque sorte que vous l'emprunter; aujourd'hui elle
vous le rend après en avoir pris un nouveau
lustre. »

M. Billot demande ensuite qu'il soit fait lecture
de l'ordonnance de nomination, et du serment
prêté par M. Debelleyme devant la cour.

M. Janod ordonne la lecture demandée, et
après qu'elle est terminée, il dit à M. Debelleyme:
Monsieur, le tribunal vous installe comme premier président. Il continue ensuite en ces termes:

« Appelé à l'honneur de vous installer dans la
haute place que vous allez remplir, et d'être au-
près de vous l'organe de la compagnie qui vous
reçoit dans son sein, je me trouve heureux d'être

sûr que mon discours ne sera pas confondu avec une adulation officieuse enfantée par la cisconstance.

» Nous aimons à retrouver un collègue recommandable par une politesse exquise de mœurs, par la justesse de son esprit, par l'étendue de ses connaissances. Vous nous revenez, Monsieur, riche de la considération publique.

» Dans cette grande cité où les méchans sont si souvent mêlés avec les bons, où il est si difficile de prévenir ou de réprimer toutes les perversités, l'arbitraire pourrait être en quelque sorte nécessité par la difficulté même de la position. Vous avez prouvé, Monsieur, qu'il n'en était pas ainsi. Plein de respect pour les libertés individuelles et publiques, vous avez étendu votre surveillance sur les agens de votre administration avant de l'étendre sur les autres.

» Vous êtes le président de ce tribunal, c'est à vous que va être confié le soin du référé, le soin de décider toutes ces affaires urgentes qui intéressent un si grand nombre de citoyens ; c'est à vous que va être confiée cette magistrature paternelle que la loi charge de veiller à la paix des familles ; vous calmerez par la douceur de votre voix, et la sagesse de vos conseils, les troubles qui peuvent les désunir.

» Nous vous confions, Monsieur, l'honneur de la magistrature, et vous nous aiderez à laisser à nos successeurs des noms honorés et sans tache. »

M. Janod termine par l'éloge de M. Moreau ce discours, qui est aussitôt couvert d'applaudissemens.

M. Janod se lève alors de son siége, et le cède à M. Debelleyme, qui, après avoir pris place, prononce le discours qui suit :

« Le roi, dont la bonté a toujours daigné descendre sur moi, ne pouvait, en me nommant au poste que je vais occuper parmi vous, accorder à quinze années de dévoûment une récompense qui me fût plus précieuse.

» Par une faveur inattendue, il a fixé mon avenir d'une manière irrévocable; cette faveur ne pouvait être plus désirée, puisqu'elle me procure le bonheur de revenir parmi vous. (Ici la voix de M. Debelleyme est altérée par l'émotion; il peut à peine continuer son discours.) Quel souvenir ce palais ne me rappelle-t-il pas? Loin de vous, mon cœur était toujours ému au souvenir des relations qui m'avaient associé à vous, au souvenir de l'amitié et de la considération dont vous avez bien voulu m'honorer. »

Ici des applaudissemens s'élèvent dans le barreau. Messieurs, dit M. Debelleyme, je vous demande du silence ; je l'attends de votre estime et de votre affection.

Après avoir fait l'éloge de **M.** Moreau , il continue en ces termes :

« Pour moi, je n'apporte que du zèle dans les fonctions difficiles où je ne pourrai jamais remplacer mon prédécesseur ; mais , Messieurs , je compte sur vous pour m'aider à supporter ce noble fardeau ; vous ne me refuserez pas le tribut de vos lumières.

» Je dois encore me féliciter de ce que, dans mes nouvelles fonctions, mes relations avec cette cité ne seront point interrompues.

» Enfin, je serai trop heureux, Messieurs, si dans l'accomplissement de mes devoirs, je puis prouver à la fois et ma fidélité à la couronne, et mon attachement à la constitution. »

Après ce discours, la séance a été levée.

Le public n'apprit pas sans une surprise mêlée de douleur quel était le successeur qu'on donnait à **M.** Debelleyme : c'était **M.** Mangin. Ce nom, fameux par je ne sais quel luxe d'exagération et de violence judiciaires, était d'un sinistre augure pour la ville de Paris. On se rappelait les débats de Poitiers, dans lesquels le respect pour la défense avait été si gravement violé par un homme qui, dans la poursuite d'un coupable politique, semblait moins obéir à un devoir rigoureux, que satisfaire à je ne sais quelle soif de sang et de supplices.

Toutefois, il est des hommes qui valent mieux que leur renommée; espérons que M. Mangin est de ce nombre; espérons que l'expérience n'a pas été perdue pour lui, et que, revenu des exagérations de 1822, voué depuis cette époque aux graves études de la loi, membre honoré et utile de la première cour du royaume, il a, parmi ces hommes graves, pris des leçons et des exemples de modération.

Cependant son premier acte public ne lui a pas été favorable. M. Debelleyme, dans les derniers jours de sa bienfaisante administration, avait préparé une ordonnance relative au commerce du charbon; son attention avait été attirée sur les entraves apportées au commerce du charbon de bois. Les réclamations du public à cet égard devaient naturellement être écoutées avec faveur par le magistrat qui présidait à la sécurité et à l'approvisionnement de Paris; la publication de cette ordonnance, datée du 1ᵉʳ août 1829, avait été suspendue par les changemens survenus dans l'administration; mais elle avait déjà reçu un commencement d'exécution par la notification qui en avait été faite officiel-

lement aux parties intéressées. Un journal ayant
annoncé par extrait, et comme projet seulement,
une partie des dispositions de cette ordonnance,
le nouveau préfet de police lui a adressé la lettre
suivante :

*A M. Bertin aîné, rédacteur en chef, gérant respon-
sable du* Journal des Débats.

Paris, 4 septembre 1829.

Monsieur,

Je vous invite, conformément à l'article 8 de
la loi du 19 juin 1819 et à l'article 11 de la loi du
25 mars 1822, à insérer dans votre prochain nu-
méro la lettre suivante :

« Monsieur,

» Vous publiez aujourd'hui une ordonnance de
» mon prédécesseur, datée du 1er août dernier,
» relative au commerce des charbons, et vous en
» sollicitez l'exécution. Je vous ferai observer
» qu'aux termes de l'article 6 de l'ordonnance du

» roi du 4 février 1824, les réglemens de police,
» en cette matière, ne peuvent être exécutés que
» quand ils ont été approuvés par le ministre de
» l'intérieur. Le réglement que vous faites con-
» naître n'a point été soumis à S. Exc. Je m'oc-
» cupe de son examen.

» Mais j'ai à vous communiquer des observa-
» tions bien plus graves : vous reconnaissez vous-
» même que cette ordonnance n'était qu'un *projet*,
» d'où vient la copie que vous en avez? Quel est
» l'employé de mon administration qui a commis
» l'abus de confiance dont vous avez fait votre
» profit? J'ai la CERTITUDE que cette copie ne vous
» a été remise que depuis le 25 août. Elle vous a
» été remise pour servir de prétexte à vos atta-
» ques. Je suis indifférent à l'insolence des jour-
» naux révolutionnaires, mais je ne le suis nulle-
» ment à la conduite des individus qui sont sous
» mes ordres. Par votre publication indiscrète,
» offensive, vous avez rendu à eux et à moi un
» bien triste service.

» Recevez, monsieur, l'assurance d'une parfaite
» considération,

» *Le préfet de police*, MANGIN. »

Nous ne nous attacherons pas à relever l'inconvenance de cette lettre par laquelle M. Mangin annonce être indifférent aux insolences des journaux révolutionnaires. Ces expressions nous paraissent peu convenir à un magistrat de paix ; elles ont trop l'air d'une réminiscence de 1822, qui n'est plus de succès en 1829.

Voici le discours prononcé par M. Mangin lors de son installation dans les fonctions de préfet de police :

« Messieurs,

» Les fonctions que le roi a daigné me confier sont difficiles, et les difficultés qu'elles comportent s'augmentent de tout ce qu'elles ont de nouveau pour moi.

» Je me rassure surtout par la conviction que mes devoirs ne pourront jamais se trouver en contradiction avec mes principes. C'est du sein de la magistrature, c'est du sein de la première cour que je sors ; assurer l'exécution des lois, faire respecter les règles a été l'étude de toute ma vie. Aussi on a dû croire que l'on trouverait en moi et on y trouvera en effet un magistrat ennemi de l'arbitraire. Il ne suffit pas que la police protége l'ordre public; elle doit le protéger par les moyens que les lois et les réglemens ont établis; il ne suffit pas qu'elle veille à la sécurité des citoyens, elle doit la leur inspirer. Je sais quels honorables antécédens me laisse mon prédécesseur; je les adopte : je veux les continuer. Ainsi je maintiens l'ordre qu'il a établi dans les bureaux; vous aviez sa confiance, je vous donne la mienne; vous conserverez tous vos emplois; la position de personne ne sera changée. Je serais malheureux, Messieurs, si mon arrivée dans cette administration troublait le bonheur d'aucun de vous.

Ce que je vous dis, ce ne sont pas des phrases de circonstance; c'est bien ma pensée, ma détermination que je révèle. Je suivrai loyalement la ligne de mes devoirs, je la suivrai avec fermeté.

Je ferai mes efforts pour me garantir contre toute erreur; si je me trompe, les avertissemens ne me manqueront pas : j'en ferai mon profit, de quelque part qu'ils viennent.

Un avertissement utile ne perd rien de son importance parce qu'il nous est donné par un ennemi. Un abus ne doit pas être réprimé avec moins d'empressement parce qu'il nous a été révélé d'une manière offensante.

Fort de mes intentions, assuré de votre assistance, je dévoue toute mon existence à l'accomplissement de mes devoirs.

Nous applaudissons sincèrement à ce discours. M. Mangin y promet de continuer M. de Belleyme. Il prend là un difficile engagement. Il a contre lui les antécédens et les exigences de la faction qui l'a appelé! Si cependant, malgré ces antécédens et ces exigences, M. Mangin suit courageusement la route qu'il annonce s'être tracée, il acquerra une solide gloire ; il réhabilitera sa réputation, que nos derniers troubles civils ont malheureusement ternie, et il prendra rang parmi ces hommes honorables qui, instruits par l'expérience, ont effacé leurs premiers torts par des services réels et durables.

C'est ainsi qu'un jeune ministre, que l'instruction publique s'honorera toujours d'avoir eu pour chef, avait débuté dans la magistrature par de grands talens mêlés à une grande violence et une grande exagération. La nation, en faveur de l'homme de 1828 et 1829, a oublié l'homme de 1816 et 1817. Le ministre de l'instruction publique a effacé les torts du procureur du roi! Et puis, quel homme peut toujours être maître de lui, au sein des tempêtes civiles! Qui n'a jamais fait alors, qui n'a jamais dit rien que de bon, que d'utile?

qui n'a pas été trop loin dans la carrière du zèle et du dévoûment? Défenseurs du peuple ou du trône, qui de nous fut sans tort? qui de nous est sans reproche? Que M. Mangin laisse gronder les journaux révolutionnaires, comme il les appelle, mais qu'il se garde aussi de prêter l'oreille aux journaux contre-révolutionnaires! Qu'il continue M. Debelleyme, qui, royaliste dévoué, n'a pas cru devoir employer son administration paisible et utile, au triomphe d'une opinion politique, et l'opinion publique se hâtera de rétracter à son égard la sévérité de ses jugemens, et une gloire pure et honorable lui est encore réservée.

CHAPITRE IV.

Société pour l'extinction de la mendicité.—M. Debelleyme reste chargé de cette œuvre de philanthropie.—Résultats déjà obtenus à cet égard sous l'administration de M. Debelleyme.—Récapitulation.—Ce que doit être la police dans un état constitutionnel.—Ce qu'elle ne doit pas être.—Conclusion.

Parmi les utiles améliorations administratives projetées par M. Debelleyme, et que ce digne magistrat n'a pas eu le temps d'accomplir avant de quitter sa place, il faut mettre au premier rang l'extinction de la mendicité. L'administration directe de l'établissement créé par l'ancien préfet de police, lui restera. Maintenant qu'on sait que M. Debelleyme accomplira l'œuvre qu'il a commencée, les souscriptions fécondes continueront leur cours, et nous verrons sans doute bientôt disparaître pour toujours de Paris cette

(37)

lèpre si long-temps incurable, qui ronge les cités les plus populeuses, et contre laquelle ont échoué, depuis des siècles, les tentatives de l'ancienne monarchie, et même celles de l'empire, dont l'administration était pourtant si puissante. Une des causes du succès qui a déjà couronné les premières opérations de M. Debelleyme, c'est d'avoir compris qu'il parviendrait à faire, par le moyen des citoyens, ce que les autres administrations avaient en vain voulu faire par elles-mêmes. Il s'est entouré d'un conseil composé de citoyens notables et zélés pour le bien public, lesquels, partagés en comités d'études générales, de comptabilité et d'exécution, se sont occupés des moyens de fonder une maison de travail et de refuge, établissement dont la bonne organisation est la condition indispensable de l'extinction de la mendicité. Les travaux de ce conseil intéressent particulièrement les nombreux souscripteurs qui ont répondu à l'appel de M. Debelleyme; ils intéressent tous les habitans de Paris, qui leur devront un grand bienfait, et il importe d'autant plus de leur donner quelque publicité, que le soin religieux que l'on apporte à l'emploi des fonds déjà fournis doit être un encouragement à en offrir de nouveaux, et une garantie pour les personnes charitables que leurs aumônes ne sauraient jamais être mieux employées. Nous avons sous les yeux un rapport fait au conseil dont nous venons de parler, par M. Cochin, maire du douzième arrondissement; ce rapport offre les idées les plus saines sur la répression de la mendicité en général, et les notions les plus satisfaisantes sur les travaux entrepris pour arriver à ce grand résultat (1).

L'opinion qui s'est constituée chez nous l'obstacle permanent à toute amélioration, a déclamé dans ses journaux contre les projets philanthropiques de M. Debelleyme, et, en affectant d'invoquer les droits de la charité chrétienne, elle s'est efforcée d'intéresser la religion catholique au maintien de la mendicité, et de faire cette religion complice de la paresse et de tous les vices que la mendicité enfante. Or, dans ses utiles recherches, M. Cochin nous montre saint Louis reconnaissant que ses immenses charités n'avaient fait qu'augmenter la paresse et favoriser le vagabondage. Il nous montre François Ier levant des

____

(1) Ce rapport a été imprimé, et se vend chez Mesnier, place de la Bourse, 1 franc 50 cent., au profit des établissemens d'instruction primaire que M. Cochin a fondés dans le faubourg Saint-Marceau.

taxes énormes au profit des pauvres et des mendians, sans pouvoir réprimer ces derniers, qu'il
condamnait au bannissement quand ils étaient
relaps. Il nous montre Louis XIII, Louis XIV et
Louis XV armant toutes les sévérités de la législation absolue contre la mendicité, et condam-
nant les mendians au fouet, au bannissement, aux
galères, sans pouvoir réprimer cette population
parasite. Louis XIV alla même jusqu'à infliger un
châtiment à l'aumône, la complice la plus redoutable en effet des désordres de la mendicité,
et, par une ordonnance de 1656, il déclara pas-
sible d'une amende de 4 francs, au profit de
l'hôpital général de Paris : « toute personne, de
» quelque condition et qualité qu'elle fût, qui se
» permettrait de *donner l'aumône* manuellement
» dans les rues, nonobstant tout motif de compas-
» sion ou autre prétexte. »

M. Cochin explique ensuite très-bien pourquoi
les dépôts de mendicité de l'empire n'ont pu
remplir le but de leur institution. Puis, venant
à notre état actuel, il donne des renseignemens
qu'on ne saurait trop méditer. On sait qu'il y a
dans les divers arrondissemens de Paris, des bureaux de charité; les mendians ne s'y font point
inscrire; ils laissent aux pauvres honteux le secours modeste que peuvent distribuer ces établis-

semens ; ils le méprisent et le regardent comme fort au-dessous de leurs exigences. « Depuis cinq ans bientôt que j'administre le quartier le plus pauvre de la capitale, dit M. Cochin, je n'ai jamais vu un mendiant de profession venir me demander une assistance quelconque ; les mendians composent une classe à part, ils dédaignent le faible secours de la charité municipale ; ils préfèrent exploiter dans les rues la commisération des passans ; ils ne voudraient pas se soumettre à la surveillance des visiteurs du pauvre ; ils préfèrent une vie vagabonde et la profusion qui leur est souvent permise par l'abondance des aumônes. »

Plusieurs recueillaient ainsi 12 à 15 francs par jour ; on en a vu quelques-uns, regagnant le lieu de leur domicile par suite des ordonnances de 1828, louer pour eux et leur famille l'intérieur des diligences ; le métier était bon : aussi à l'époque où M. Debelleyme a entrepris de substituer le travail et la véritable charité publique à cette hideuse industrie, plus de douze cents mendians encombraient nos rues et nos carrefours. Sur ce nombre, près de deux cents sont retournés dans leurs départemens avec les ressources qu'ils avaient amassées ; trente à quarante ont été retirés de la voie publique par des parens aisés ;

soixante à soixante-dix ont été réclamés par des protecteurs qui se sont chargés de leur procurer du travail; quarante à cinquante prétendus estropiés, infirmes, couverts de plaies, se sont trouvés guéris par ordonnance de police. «Voilà donc, ajoute M. Cochin, 35o mendians qui, depuis six mois, se sont effacés eux-mêmes de la liste des exploitans de la compassion publique. » Restent ceux qui ont réellement besoin des secours de la cité; c'est pour eux que M. Debelleyme a fait un appel aux habitans de Paris; mais ce magistrat a compris que le moyen d'employer utilement les souscriptions, n'était pas de faire des aumônes, mais de mettre le pauvre en état de s'en passer, et que les maisons de refuge et de travail étaient le complément indispensable des mesures répressives de la mendicité.

Selon les vues exposées dans le rapport, et qui nous ont semblé pleines de discernement et de prévoyance, ces maisons doivent avoir un caractère qui les distingue entièrement des maisons de détention, d'une part; de l'autre, des hôpitaux.

Aujourd'hui, deux maisons affectées à la répression de la mendicité dépendent de la préfecture de police; l'une est le dépôt de Villers-Cotterets, l'autre est la maison de répression de

Saint-Denis; dès qu'une troisième maison sera ouverte, le refuge de Paris, il sera possible de séparer les mendians en trois classes : on placerait à Villers-Cotterets les infirmes et les vieillards ; à Saint-Denis, les mendians condamnés et prisonniers ; et à Paris les mendians curables et soumis au régime de régénération.

« Si l'on s'écarte de ce plan, dit le rapport, et que, par un mouvement de compassion imprudente, on veuille recevoir dans une maison tout ce qui se présentera sur la voie publique à titre de mendiant; si le refuge devient à la fois prison, hospice, maison de travail pour les pauvres, hôtellerie générale de mendicité et de détresse, il est impossible de prévoir les dépenses et les abus auxquels entraînerait cette détermination. »

La première mesure pour conserver à la maison de refuge son véritable caractère, c'est donc de former un bureau d'interrogation, d'examen et d'investigations continuelles sur les ressources et la moralité des mendians qui y sont amenés et déposés; c'est par-là qu'on parviendra à remplir la première condition indispensable, la classification des nécessiteux, afin de n'admettre dans le refuge que les individus auxquels cet asile est destiné. Toutes les autres mesures développées

dans le rapport sont empreintes du même caractère de sagesse.

Quant aux moyens d'exécution, ils consistent
principalement dans le produit des souscriptions;
elles montaient, au moment où M. Debelleyme a
quitté la préfecture de police, à la somme de
664,679 francs 24 cent., sur laquelle il restait à
recouvrer celle de 202,043 francs 31 centimes.
Les travaux entrepris par M. Debelleyme appro-
chent de leur terme, et la maison de refuge
pourra être en pleine activité au mois d'octobre
1830. Le fondateur a fait choix d'un vaste terrain
de 4,000 toises carrées, clos de murs, de forme
triangulaire, faisant face sur trois rues presque
inhabitées, près du boulevard des Gobelins, et
réunissant ainsi à la condition essentielle pour
la police d'une position à l'intérieur des murs de
Paris, les avantages de la campagne sous le rapport de l'air, de l'isolement et des plus bas prix
du terrain.

Puisse cette œuvre salutaire d'un magistrat phi-
lanthrope fructifier et grandir dans ses mains res-
pectées. Puisse du moins cet heureux résultat de
son administration éclairée, demeurer comme un
noble monument de son active bienfaisance et
de son zèle pour le bien public.

Nous voilà arrivés au terme de la carrière que

nous nous étions proposé de parcourir dans ce petit ouvrage. En énumérant les services de M. Debelleyme, nous avons eu pour but de signaler cet homme de bien à la reconnaissance nationale.

La nation française n'est que trop oublieuse , et du bien et du mal qu'on lui fait. Il est utile parfois de lui rappeler l'un et l'autre! Flétrissons toutes les infamies! mais aussi honorons tous les services utiles. Les peuples doivent avoir de la mémoire, et les noms des bienfaiteurs des hommes ne doivent point périr.

M. Debelleyme a rempli, dans toute leur latitude, les devoirs que lui imposait la charge importante dont il était revêtu. Depuis long-temps on se demandait ce que doit être la police dans un état constitutionnel : M. Debelleyme a résolu cette importante question.

Il a vu et il a prouvé que la mission de la police, sous le gouvernement représentatif, était tout entière une mission de conservation , de paix et de salut; qu'elle devait veiller à la sûreté et à la salubrité publiques; qu'elle devait empêcher le crime de naître, et non le faire naître pour avoir ensuite à le réprimer; il a vu que la répression était impuissante, si d'utiles moyens de prévoyance n'étaient pourvus; son autorité toute paternelle s'est concilié l'estime des gens de bien;

les méchans seuls ont pu le redouter, et encore, même en le redoutant, en fuyant avec effroi son active surveillance, force leur a été de le respecter, parce qu'il ne fit jamais usage que de moyens avoués par la loyauté et l'humanité. Voilà ce que doit être la police selon M. Debelleyme, et ce qu'elle a été en effet sous son administration. Mais il a vu aussi ce qu'elle ne devait pas être. Il ne s'est pas contenté de bien faire, il s'est soigneusement abstenu de mal faire, et dans cette abstinence vertueuse, il n'a pu prendre d'exemples que de lui-même, et d'inspirations que de son noble cœur. La population parisienne n'avait pas été gâtée sous ce rapport par ses prédécesseurs.

Il a senti que la police ne devait pas s'immiscer dans la politique, et il s'en est sagement abstenu; qu'elle ne devait pas se constituer le grand électeur de France, et exercer une influence illégale sur les élections, cet acte sacré et solennel de la souveraineté nationale; aussi ses agens n'ont-ils jamais paru dans les colléges électoraux de la capitale. Il a senti que la police devait s'interdire tous ces moyens honteux et déshonorans auxquels avant lui elle avait un si fréquent recours. Il a senti que l'espionnage politique était un crime ainsi que la provocation : sous son administration il n'y a point eu d'agens provocateurs. Grâce à lui, les citoyens ont pu user amplement de la liberté de la parole, et ses agens n'ont point hanté les cafés et les lieux publics, pour travestir des opinions en des crimes, des conversations en conspirations.

Sous lui, la police a donc été ce qu'elle doit être; elle n'a point été ce qu'elle ne doit point être sous un gouvernement qui se respecte, et auquel les formes représentatives imposent le devoir de se respecter.

Son avénement à la préfecture avait été pour Paris un immense bienfait. Sa retraite a été une calamité publique; et il a imposé par ses exemples une tâche difficile à son successeur.

Parmi les hommes que la formation du dernier ministère avait présentés sur le premier plan aux regards de l'opinion publique, deux d'entre eux surtout ont constamment bien mérité de la France, et ont emporté sans restriction son estime dans leur retraite. M. Debelleyme a la gloire d'être un de ces deux hommes.

L'autre, dont je me propose aussi de retracer la vertueuse administration, est ce jeune ministre (1) dont les talens, la fermeté, le zèle éclairé

----

(1) M. Vatimesnil, ex-ministre de l'instruction publique.

et les vues larges et bienfaisantes, seront à jamais regrettés par l'instruction publique, que sa sagesse aurait régénérée, et qui conservera long-temps les traces de son glorieux passage.

M. Debelleyme cependant n'est point entièrement éloigné de la vie publique. L'estime de ses concitoyens l'a appelé à la représentation nationale(1). Espérons que M. de Vatimesnil ne tardera pas à y paraître à son tour! C'est là que ces deux hommes proposeront à la face de la France, le bien qu'ils n'ont pas eu le temps d'exécuter; c'est là qu'ils recruteront, sans doute, les rangs de ces vertueux mandataires de la France, dont la fermeté et le courage déjoueront tant d'espérances fallacieuses, tant de projets libertécides, et affermiront sur ses jeunes bases cet édifice de nos droits qu'éleva la main prudente d'un monarque patriote, et qu'une faction de cour tenterait vainement de renverser.

L'histoire de l'administration trop courte de ce ministre éclairé et vertueux, est actuellement sous presse, et ne tardera pas à paraître.

(1) M. Debelleyme a été élu par l'arrondissement de la Dordogne.

Ordonnance concernant la répression de la mendicité.

Paris, le 20 septembre 1828.

Nous, préfet de police,

Considérant que la mendicité se perpétue, malgré les mesures qui la répriment, les lois qui la punissent, l'opinion qui la repousse ;

Qu'au sein de la capitale, comme dans les communes qui l'environnent, elle afflige tous les yeux et se montre sous toutes les formes ;

Que, de tous les points de la France, et même de plusieurs contrées lointaines, des hommes, des femmes, des enfans, la plupart valides, viennent mendier à Paris et dans ses campagnes, lorsque l'agriculture et l'industrie réclameraient le secours de leurs bras ;

Qu'une multitude de mendians parcourent à jours fixes les rues de Paris, entrent dans les maisons et les boutiques, et y lèvent une espèce d'impôt dont les habitans n'osent s'affranchir, dans la crainte de soulever contre eux l'animadversion de ces individus, dangereux sous plus d'un rapport ;

Que plusieurs d'entre eux, pour apitoyer les

passans, offrent à leurs regards le spectacle hideux d'infirmités vraies ou feintes ;

Que des individus, de l'un ou l'autre sexe, s'introduisent dans les maisons publiques ou particulières, et parviennent à se faire donner quelques pièces de monnaie, soit en excitant la commisération, par le récit de malheurs véritables ou imaginaires, soit en adressant des félicitations sur une fête, un mariage ou tout autre événement ;

Que d'autres montrent dans les rues des objets de curiosité ou des animaux dressés à différens exercices, comme un moyen détourné de demander l'aumône ;

Que des enfans, aux gages d'individus qui ne rougissent pas de cette honteuse spéculation, implorent, pour le compte de ceux-ci, la charité publique, qu'ils trompent et détournent ainsi de sa direction véritable ;

Considérant que la présence à Paris de ces différentes espèces de mendians, jetés la plupart dans ce genre de vie par la paresse et l'inconduite, compromet au plus haut point l'ordre et la sûreté publique ;

Que toutes ces circonstances nous commandent de redoubler de vigilance et d'énergie pour assurer l'entière exécution des lois et réglemens

rendus contre la mendicité ; nous réservant d'augmenter, autant que possible, les ressources des
dépôts et maisons de travail que l'humanité réclame comme le complément indispensable des
mesures répressives de la mendicité ;

Vu la loi du 24 vendémiaire an II (titre 3, art. 2.)
et les décrets des 5 juillet et 22 décembre 1808 ;

Vu les articles 274 et suivans du Code pénal
ci-dessus rappelés ;

Vu enfin les arrêtés du gouvernement des 12
messidor an VIII, et 3 brumaire an IX.

Ordonnons ce qui suit :

ART. Ier.

Dans le délai *d'un mois*, à compter de la publication de la présente ordonnance, *tous les mendians
étrangers au département de la Seine et aux communes de Saint-Cloud, Sèvres et Meudon* devront en
avoir quitté le territoire, sous peine d'y être contraints par toutes les voies de droit.

ART. II.

Il leur sera délivré des feuilles de route ou
passeports *gratuits*, avec *secours de route*, s'il est
nécessaire, jusqu'au lieu de leur naissance ou de
leur résidence habituelle.

ART. III.

Des moyens de transport seront fournis aux mendians âgés ou infirmes qui ne pourraient supporter les fatigues de la route.

ART. IV.

Les mendians non valides, incapables de pourvoir par le travail à leur subsistance, qui appar-
tiennent à la ville de Paris ou aux communes du
ressort de la préfecture de police, et ceux, même
valides, que des malheurs imprévus, ou le manque absolu d'ouvrage auraient réduits à cette condition, seront, sur leur demande, et après toutes
justifications nécessaires, *admis au dépôt de mendicité de Villers-Cotterets.*

A cet effet, ils se présenteront devant les com-
missaires de police des quartiers ou maires des
communes qu'ils habitent, lesquels recevront
leurs demandes et nous les transmettront, avec
leur avis.

ART. V.

Tous individus, sans distinction de sexe, ni
d'âge, étrangers ou non à la ville de Paris et aux
communes du ressort de la préfecture de police,

qui désormais y seraient trouvés mendiant, seront, sans préjudice de telles mesures administratives qu'il appartiendra, *arrêtés et traduits devant les tribunaux*, pour être jugés conformément aux lois.

Le Préfet de Police, signé, DEBELLEYME.

Pàr le Préfet, *le Secrétaire-général*,

Signé, *E.^d E.^t DE BLOSSAC.*

Nous ajouterons ici quelques détails pour donner une idée de la vraie philanthropie de M. Debelleyme.

Les mendians qui fréquentent les rues de la capitale pourront être réprimés dans le cours de l'hiver qui commence.

Une maison de refuge et de travail est maintenant établie rue de l'Oursine, dans l'ancien couvent des Cordelières. Il faudra être vraiment réduit à la condition de mendiant pour s'en voir ouvrir les portes. C'est pour échapper à la prison et à un procès correctionnel qu'on y entrera; c'est une maison de prévention du délit de mendicité, dans laquelle la prévention pourra s'effacer par le changement des habitudes.

Cette maison, différente d'un hôpital en ce que

les malades n'y seront pas reçus, s'assurera néanmoins que les secours de l'hôpital seront donnés
à ses travailleurs lorsqu'ils tomberont dans un
état de maladie : différente d'une prison, puisqu'on conservera la liberté d'en sortir, elle sera,
pour le bon ordre, soumise à un état de clôture,
et n'affranchira pas des peines portées par la loi,
c'est-à-dire de la prison, ceux qui tomberaient en
récidive ou qui se livreraient à une conduite coupable ; différente d'un dépôt de mendicité, elle
ne sera ni un lieu de publicité, ni un lieu de con-
fusion ; chacun y vivra en éprouvant l'influence
du travail et de l'épargne, avec l'espérance de
pouvoir rentrer libre et laborieux dans le sein de
la société ; mais aussi avec la perspective du dépôt
de mendicité, quand la conduite du refugié tra-
vailleur ne répondra pas aux soins dont elle aura
été l'objet ; différente enfin de l'hospice et du secours à domicile, son assistance temporaire ne
sera point aussi fugitivement passagère que celle
des maisons de secours qui dépendent de nos
bureaux de charité ; elle n'aura pas non plus la
durée viagère d'une admission à l'hospice ; elle
sera le refuge du malheureux pendant l'accès le
plus cruel de sa misère ; dès que les forces lui
seront rendues par la consolation et le travail, il
sera lui-même rendu à la société, et il doit y rap-
porter un nouveau courage.

École de travail et de prévoyance, l'homme frappé des derniers traits de l'infortune doit venir y apprendre à se passer du secours de la charité.

Sans arracher le pauvre à son domicile, sans rompre ses affections, sans se charger indéfiniment de son sort, sans le priver de sa liberté, la maison de refuge doit agir comme la Providence, par des secours inattendus, temporaires, qui remontent l'énergie, et qui ne permettent point d'abdiquer la dignité que tout homme doit conserver, lorsqu'il veut se conduire de manière à pouvoir rester responsable de ses actions envers la société.

Le malheureux descendu sur la voie publique, en proie aux horreurs de la faim, désespéré par un délaissement universel, se trouvera soudainement transporté dans un lieu habité par la bienveillance, le travail et la vertu.

Les ateliers de travail seront formés de manière que les intérêts réciproques du commerçant et de l'ouvrier pourront être conciliés sans que l'un des deux soit mis à la discrétion de l'autre. Ainsi, on traitera avec les chefs d'ateliers de la maison de travail; on fixera un minimum de journée dans chaque profession, et on laissera l'ouvrier et son maître discuter le prix de journée au-dessus de ce minimum , les droits de chances étant toujours garantis, savoir : de la part du chef par la connaissance qu'il a du talent de l'ouvrier, et de la part de celui-ci, par la faculté qu'il conserve de changer d'atelier et de sortir même de la maison lorsqu'il ne trouve pas suffisant le prix accordé à son savoir-faire.

Un commissaire de police inspectera chaque jour les salles de dépôt et le mouvement d'entrée et de sortie de la maison. La direction de la Maison de refuge et de travail pourvoira à tout ce qui peut assurer l'existence, la perpétuité, le bon ordre et l'ensemble du service de la fondation. Elle soumettra au conseil sa comptabilité, ses réglemens et ses moyens d'exécution ; elle pourvoira à tous les services économiques de nourriture, chauffage, éclairage des travailleurs ; elle souscrira enfin des conventions avec les entrepreneurs et chefs d'ateliers, et rendra compte des services résultant des travaux exécutés par les habitans de la maison.

Quant à ce qui concerne l'ordre intérieur, les besoins de l'instruction pour les pauvres, l'hygiène, la religion, tout nous a paru prévu et bien établi dans les projets soumis par M. Debelleyme. Ainsi, rien ne paraît plus pouvoir arrêter l'exécution de cette belle entreprise. Mais il faut le dire, les bâtimens dans lesquels viennent d'être faits tous les préparatifs nécessaires à ce vaste établissement, les terrains sur lesquels ils reposent n'ont pu être acquis à perpétuité par les administrateurs. Les fonds de la première souscription ont suffi seulement à prendre l'établissement à bail pour trois ans, à y faire toutes les réparations et arrangemens voulus; le surplus est destiné à faire l'essai de la fondation et à alimenter les pauvres qui vont y être reçus. Jusqu'ici le montant des souscriptions s'est élevé à 432,000 fr. encaissés; plus, 200,000 fr. promis. Une somme égale est indispensable encore pour consolider la fondation, pour en assurer la durée. C'est un dernier sacrifice que l'on demande dans l'intérêt public, au nom de l'honneur national, qui se trouve engagé à résoudre un problème essayé tant de fois, à l'étranger et chez nous. M. Debelleyme, qui a toute la confiance de ses concitoyens, reste chargé d'administrer, avec un conseil, les fonds des nouvelles souscriptions. Nous espérons qu'elles seront promptement remplies, et nous faisons des vœux pour que cette noble tâche soit achevée en dehors de l'administration et par le concours seul de la pitié générale.

*Projet d'ordonnance concernant le commerce
du charbon.*

« Nous, préfet de police,

» Vu le rapport de notre prédécesseur à S. Exc.
le ministre de l'intérieur, en date du 15 avril 1820,
relatif aux modifications, dont le commerce de
charbon de bois est susceptible dans l'intérêt de
l'approvisionnement et celui des consommateurs;

» Vu les avis successifs de la chambre du commerce;

» Vu la décision du Conseil-d'État en date du
26 juillet 1822;

» Considérant qu'il résulte de tous ces docu-
mens unanimes que le commerce des charbons
est soumis à des entraves qui nuisent à la concurrence utile aux consommateurs; que la liberté
de ce commerce ne peut nuire à l'approvisionnement, qu'il convient d'opérer ces améliorations
successivement, afin de ne pas porter préjudice
à ceux qui se sont livrés à des spéculations sous
la foi des réglemens existans;

» Vu l'ordonnance du roi du 4 février 1824,
portant réglement sur le transport et la vente des
charbons arrivant par terre ou par eau à Paris;

» Considérant que l'inscription d'un bateau sur

la liste d'arrivages n'empêche pas d'en *changer la destination pour être transporté ou vendu ailleurs* (art. 1er);

» Que les charbons arrivant par terre seront conduits sur les places existantes ou sur *celles qui seront créées ultérieurement;* que l'exécution de ce mode aura lieu de manière à *multiplier* autant que possible *les moyens de vente et de concurrence* (art. 3);

» *Que les charbons arrivés sur bateau pourront être déposés et vendus sur les places de terre, dont le nombre sera augmenté en proportion nécessaire* (art. 3 de l'ordonnance royale de 1824, et art. 20 de l'ordonnance de police du 30 septembre 1826), portant que les places de vente sont fixées à six, dont trois dans les quartiers de la rive gauche, savoir : celle de la Santé, et deux autres places dont l'emplacement sera désigné ultérieurement (art. 1er);

» Considérant que les deux places de la rive gauche n'ont pas encore été établies depuis 1826, ce qui préjudicie aux consommateurs par le défaut de concurrence au profit du commerce par eau, qui reste maître de l'approvisionnement et des prix ;

» Qu'il est urgent d'établir provisoirement au moins une des deux nouvelles places de la rive gauche, et qu'il convient aux besoins de la consommation de la placer dans le faubourg Saint-Germain ;

» Considérant que la place de la Santé est mal située ; que le commerce l'abandonne, et qu'il est urgent de la remplacer provisoirement, pour ne pas laisser la rive gauche sans une seule place de vente ;

» Qu'elle peut être utilement placée dans le faubourg Saint-Jacques , aux environs du Val-de-Grâce et de Sainte-Geneviève ;

» Considérant que le propriétaire du terrain sur lequel la place de Mousseaux est située, en a donné congé ; qu'il importe aux besoins des habitans de cette partie importante de la ville de la remplacer promptement ;

» Considérant que les diverses propositions faites par nous au conseil municipal, n'ont point été admises, dans la crainte, fondée sans doute , de faire une dépense peu productive pour la ville, et le désir louable de laisser le commerce de charbon acquérir plus de liberté ;

» Considérant que la suppression des marchés de la Santé, de celui de Mousseaux et le défaut d'aucun marché sur la rive gauche , rendraient les habitans de Paris tributaires du commerce de charbon par eau en augmentant les prix de cette denrée de première nécessité et tous les abus qu'on s'efforce en vain depuis long-temps de détruire ;

» Qu'il ne resterait dans Paris que la place des Récollets et celle d'Aval, qui doivent être maintenues dans le même lieu pour le bien du commerce et celui des habitans ;

» Qu'il est urgent de pourvoir aux besoins de la consommation par l'établissement de dépôts provisoires ;

» Que cette expérience à titre d'essai mettra le conseil municipal en état de prendre plus tard une sage détermination sur nos diverses propositions et l'organisation libre de ce commerce ;

» Que ces dépôts provisoires étant autorisés en remplacement des places créées par l'ordonnance royale et l'ordonnance de police, rentrent dans le principe et le texte de ces ordonnances et n'en sont que l'exécution provisoire et nécessaire par l'urgence des besoins ;

» Que ces dépôts doivent, comme les places (selon le vœu de l'ordonnance), être rapprochés autant que possible de la rivière, pour faciliter le déposage, et désencombrer la navigation ;

» Ordonnons ce qui suit :

ATT. Ier.

» Il sera établi un dépôt provisoire de charbon de bois dans le faubourg Saint-Germain. Le terrain sera situé à distance convenable des habitations , et les constructions provisoires seront analogues à celles actuellement existantes sur les places d'Aval et de Mousseaux.

» Ce dépôt provisoire sera formé lorsque la ville de Paris aura établi sur la rive gauche de la Seine le nombre de ventes déterminées par l'ordonnance royale. Les personnes qui seront autorisées à ouvrir ce dépôt provisoire continueront la vente du charbon de bois sur la place nouvellement établie par la ville, en qualité de facteurs.

ART. II.

» Il sera établi un dépôt provisoire de charbon de bois dans les faubourgs Saint-Honoré ou du Roule. La situation du terrain et la nature des constructions seront conformes aux dispositions de l'article précédent. Il sera formé aussitôt que la place actuelle de Mousseaux sera remplacée par la ville de Paris. Les personnes qui seront autorisées à ouvrir ce dépôt provisoire continueront la vente du charbon de bois sur cette place en qualité de facteurs.

ART. III.

» Dans le cas où la place de la Santé serait entièrement abandonnée par le commerce, ce qui paraît imminent, et ne serait pas remplacée de suite par l'administration municipale, il sera établi un dépôt provisoire de charbon de bois dans le faubourg Saint-Jacques. Ce dépôt provisoire de charbon sera fermé lorsque le conseil municipal de la ville de Paris aura ouvert un nouveau marché en remplacement de celui de la Santé. Les personnes autorisées à ouvrir ce dépôt provisoire continueront la vente du charbon de bois sur cette place, en qualité de facteurs.

ART. IV.

» Ces dépôts provisoires ne sont soumis qu'aux mesures établies par l'ordonnance royale du 5 février 1824.

ART. V.

» Les propriétaires de charbons arrivés sur bateau pourront faire déposer leurs charbons pour les transporter et présenter à la vente sur les places de vente et dans les dépôts provisoires.

ART. **VI.**

» Un troisième dépôt provisoire sera ultérieurement établi sur la rive gauche de la Seine, dans le quartier du Jardin du Roi, en remplacement de la troisième place autorisée par l'ordonnance royale, et jusqu'à ce qu'elle ait été établie par la ville de Paris. »

FIN.

OUVRAGES QUI SE TROUVENT CHEZ LES MÊMES ÉDITEURS.

MÉTHODE JACOTOT.

COURS COMPLET D'ÉDUCATION, par plusieurs de ses disciples, à l'usage de toutes les familles.

Ouvrages qui composent ce cours.

Omnibus.
Lecture.
Écriture.   Peinture.
Grammaire.   Improvisation. {Parlée {Musicale.

Mathémat. {Arithmétique. {Algèbre. Langue maternelle. {Géométrie. — latine.
Géographie.   — grecque.
Histoire.   — anglaise.
Musique.   — italienne.
Dessin.   — allemande.

Chaque partie formera 1 vol. in-18. Prix, broché, 75 cent. L'Omnibus seul, 1 franc.

EN VENTE.

OMNIBUS DE LA MÉTHODE JACOTOT, 1 vol. in-18. Prix, broché, 1 franc.

Ce petit volume est un exposé rapide de cette *méthode*, auquel on a joint *quelques compositions originales* des élèves de l'enseignement universel.

Lecture, 1 vol.

Langue maternelle, 1 vol.

Histoire, 1 vol.

D'autres parties, étant sous presse, se suivront de très-près.

www.ingramcontent.com/pod-product-compliance
Lightning Source LLC
LaVergne TN
LVHW010408060726
842526LV00005B/1570